もくじ

教育出版版 国語 3年 準拠

JN099874

教科書のないよう

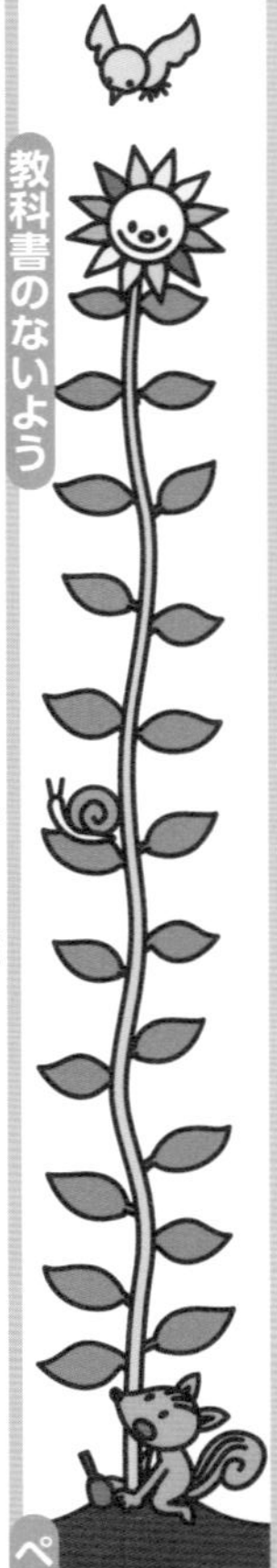

教科書㊤10～31ページ

かえるのぴょん
白い花びら

月　　日

10分　／100点

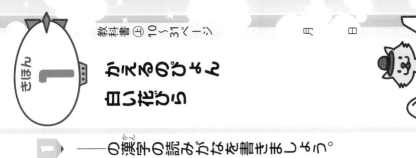

1 ――の漢字の読みがなを書きましょう。　一つ6〔84点〕

(1) 本を開く。（　　）
(2) ふり返る。（　　）
(3) 返事をする。（　　）
(4) 動物をかう。（　　）
(5) 馬に乗る。（　　）
(6) 山に登る。（　　）
(7) 童話の主人公。（　　）
(8) 体が動く。（　　）
(9) 口を開ける。（　　）
(10) 今日の夕食。（　　）
(11) 登場人物（　　）
(12) 物語を読む。（　　）
(13) 橋をわたる。（　　）
(14) 川岸の道。（　　）

2 つぎの漢字の正しい筆順のほうに、○をつけましょう。〔4点〕

ア（　　）一 二 三 乒 乒 乒 乗 乗 乗
イ（　　）一 二 千 千 乒 乒 乗 乗 乗

3 （　　）にあてはまることばをア～ウからえらんで、記号で答えましょう。　一つ4〔12点〕

(1) 買い物の（　　）おばあちゃんの家による。
(2) いつもまけていたチームに（　　）かった。
(3) 春が来て、（　　）夏が来る。

ア　とうとう　　イ　それから　　ウ　ついでに

答えは65ページ

かくにん 1
かえるのぴょん　白い花びら

教科書㊤10～31ページ

月　日

10分　／100点

1 □にあてはまる漢字（かん）を書きましょう。 一つ8〔64点〕

(1) ドアが□（ひら）く。　(2) 後ろをふり□（かえ）る。

(3) □□（どうぶつ）の絵。　(4) 車に□（の）る。

(5) 岩山を□（のぼ）る。　(6) お話の□□□（しゅじんこう）。

(7) 谷にかかる□（はし）。　(8) □□（かわぎし）を歩く。

2 つぎのことばの意味（いみ）を下からえらんで、——でむすびましょう。 一つ6〔18点〕

(1) 目をみはる　・　　・ア　ためらってぐずぐずする。

(2) しりごみする・　　・イ　おどろいて目を見ひらく。

(3) 気に入る　・　　・ウ　すきになる。

3 （　）にあてはまることばをア～ウからえらんで、記号（ごう）で答えましょう。 一つ6〔18点〕

(1) （　）雲の上を歩いているみたいだ。

(2) あの子は、（　）だれだったんだろう。

(3) あの男の子は、（　）かけだしそうに見える。

ア　今にも　　イ　いったい　　ウ　まるで

答えは65ページ

きほん 2

教科書㊤32〜37ページ

「発見ノート」
言葉の広場①
国語辞典（じてん）のつかい方 (1)

月　日

10分　／100点

1 ——の漢字（かん）の読みがなを書きましょう。 一つ6〔54点〕

(1) 発見がある。（　　）
(2) 予想する。（　　）
(3) 本で調べる。（　　）
(4) 大切な言葉。（　　）
(5) 絵で表す。（　　）
(6) 理由をきく。（　　）
(7) 体温をはかる。（　　）
(8) 調節（せつ）する。（　　）
(9) 前で発表する。（　　）

2 つぎの漢字の正しいひつじゅんのほうに、◯をつけましょう。 一つ9〔18点〕

(1) ア（　） ノ ヲ 癶 … 発
　　イ（　） ノ ヲ 癶 … 発
(2) ア（　） 一 十 キ 圭 … 表
　　イ（　） 一 二 三 圭 … 表

3 つぎの言葉の意味（いみ）をア〜エからえらんで、記号（ごう）で答えましょう。 一つ7〔28点〕

(1) だく音（　　）　(2) 清（せい）音（　　）
(3) 半だく音（　　）　(4) 長音（　　）

ア 「カード」の「カー」などののばす音。
イ 「か・さ・た・は」などのにごらない音。
ウ 「ぱ・ぴ・ぷ」などの音。
エ 「が・ざ・だ・ば」などのにごる音。

答えは65ページ

かくにん 2

教科書㊤32〜37ページ

「発見ノート」
言葉の広場①
国語辞典のつかい方 (1)

月　日

10分　／100点

1 □にあてはまる漢字を書きましょう。　一つ10〔70点〕

(1) 新たな□□（はっけん）。

(2) □□（よそう）があたる。

(3) 意味を□（しら）べる。

(4) □□（ことば）をおぼえる。

(5) グラフで□（あらわ）す。

(6) □□（りゆう）を話す。

(7) □□（たいおん）が上がる。

2 よう音をふくむことばを□から五つえらんで、(　)に書きましょう。　一つ6〔30点〕

(　　)(　　)(　　)(　　)(　　)

きょうかい	じっけん	ジュース	きゅうり
シール	スキップ	ちょうちょ	どうろ
らくだ	ひまわり	キャンプ	ボール

答えは65ページ

きほん 3

教科書㊤34～37ページ

言葉の広場① 国語辞典（じてん）のつかい方 (2)

月　日

10分　／100点

1 ——の漢字の読みがなを書きましょう。 一つ10〔60点〕

(1) 漢字を書く。（　　）
(2) 文字の意味。（　　）
(3) あまい味。（　　）
(4) 地図記号（　　）
(5) かばんが重い。（　　）
(6) 問い合わせ（　　）

2 つぎのア、イの言葉のうち、国語辞典（じてん）で先に出てくるほうに、○をつけましょう。 一つ6〔30点〕

(1) ア（　）たわし　イ（　）いわし
(2) ア（　）あまい　イ（　）あかい
(3) ア（　）きゃく　イ（　）ぎゃく
(4) ア（　）はいふ　イ（　）パイプ
(5) ア（　）ケーキ　イ（　）けいと

3 「かける」という言葉を国語辞典で調べると、つぎのア～エの意味がのっていました。——の意味として合うものをえらんで、記号で答えましょう。 〔10点〕

・絵をかべにかける。（　　）

ア　上からかぶせる。
イ　一部（ぶ）分がこわれる。
ウ　ぶら下げる。
エ　速（はや）く走る。

答えは65ページ

かくにん 3

言葉の広場① 国語辞典(じてん)のつかい方 (2)

教科書㊤34〜37ページ

月　日

10分　／100点

1 □にあてはまるかんじを書きましょう。　一つ10〔50点〕

(1) [かん][じ]をならう。

(2) [い][み]を調べる。

(3) [き][ごう]で答える。

(4) [おも]い足どり。

(5) 先生に[と]う。

2 つぎの言葉を、国語辞典(じてん)に出てくる順(じゅん)にならべかえて、（　）に１〜３のばんごうを書きましょう。　全(すべ)てできて一つ10〔40点〕

(1) （　）はと　（　）はたらく　（　）はた

(2) （　）てんせん　（　）でんわ　（　）でんせん

(3) （　）シール　（　）しる　（　）しあわせ

(4) （　）コップ　（　）こづつみ　（　）こっかい

3 つぎの言葉を国語辞典で調べるときには、どのように分ければよいですか。それぞれア、イからえらんで、きごうで答えましょう。　一つ5〔10点〕

(1) 再(さい)開発　（　）

ア 再＋開発　イ 再開＋発

(2) 読書会　（　）

ア 読＋書会　イ 読書＋会

答えは65ページ

きほん 4

教科書 上 38〜43ページ　　月　　日

わたしのたからもの
漢字の広場① 漢字学習ノート

10分　／100点

1 ——の漢字の読みがなを書きましょう。 一つ9〔63点〕

(1) 練習する。（　　）
(2) 心に感じる。（　　）
(3) 運動をする。（　　）
(4) 動転したようす。（　　）
(5) 集める。（　　）
(6) 書道を習う。（　　）
(7) いすを運ぶ。（　　）

2 ——の漢字の、二通りの読みがなを書きましょう。 一つ7〔28点〕

(1)
① 練習（　　）
② 土を練る。（　　）

(2)
① 切手を集める。（　　）
② 文集（　　）

3 たずねるときの言い方にあてはまるものに○、あてはまらないものに×をつけましょう。 一つ3〔9点〕

(1)（　）アゲハチョウを見たことがありますか。
(2)（　）おそらく、間に合わないでしょう。
(3)（　）どうして、この本をえらんだのですか。

答えは65ページ

かくにん 4

教科書㊤38〜43ページ

わたしのたからもの
漢字の広場① 漢字学習ノート

月　日

10分　／100点

1 □にあてはまる漢字を書きましょう。　一つ10〔50点〕

(1) 漢字の□□（れんしゅう）。
(2) 光を□（かん）じる。
(3) 手の□□（うんどう）。
(4) 気が□□（どうてん）する。
(5) お金を□（あつ）める。

2 ――の言葉を、漢字と送り（おく）がなで書きましょう。　一つ10〔40点〕

(1) しあいのさくせんを<u>ねる</u>。（　　）
(2) 近所（じょ）でダンスを<u>ならう</u>。（　　）
(3) 重いにもつを<u>はこぶ</u>。（　　）
(4) 校庭（てい）で走って<u>ころぶ</u>。（　　）

3 発表するときに大事なことに○をつけましょう。　〔10点〕

ア（　）話すじゅんじょはそのときの気分でよい。
イ（　）聞き手の方はとくに見なくてもよい。
ウ（　）聞き手によびかけるなどのくふうをする。
エ（　）声の調子は同じでよく、強弱もつけなくてよい。

答えは66ページ

きほん 5

教科書㊤44ページ

漢字の広場①
二年生で学んだ漢字①

月　日

10分　／100点

1 ――の漢字の読みがなを書きましょう。　一つ4〔100点〕

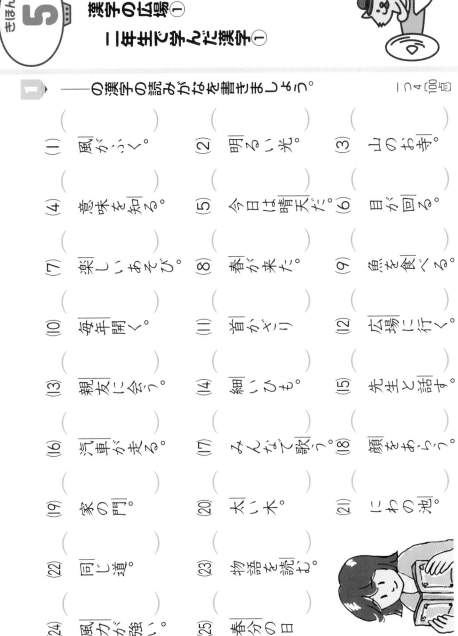

(1) 風がふく。
(2) 明るい光。
(3) 山のお寺。
(4) 意味を知る。
(5) 今日は晴天だ。
(6) 目が回る。
(7) 楽しいあそび。
(8) 春が来た。
(9) 魚を食べる。
(10) 毎年開く。
(11) 首かざり
(12) 広場に行く。
(13) 親友に会う。
(14) 細いひも。
(15) 先生と話す。
(16) 汽車が走る。
(17) みんなで歌う。
(18) 顔をあらう。
(19) 家の門。
(20) 太い木。
(21) にわの池。
(22) 同じ道。
(23) 物語を読む。
(24) 風力が強い。
(25) 春分の日

答えは66ページ

かくにん 5

教科書(上)44ページ

漢字の広場①
二年生で学んだ漢字①

月　日

10分

／100点

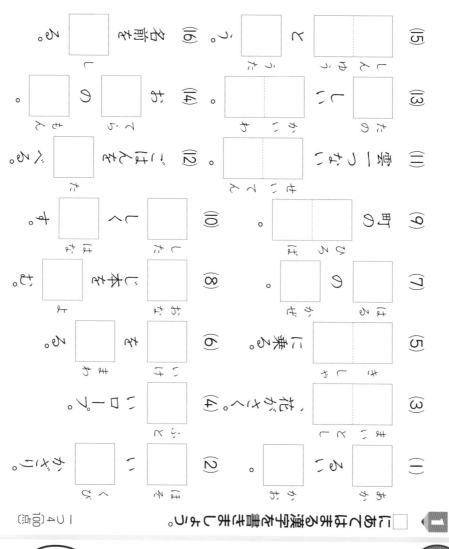

1 □にあてはまる漢字を書きましょう。　一つ4〔100点〕

(1) □(あか)るい□(かお)。

(2) □(ほそ)い□(くび)かざり。

(3) □□(まいとし)、花がさく。

(4) □(ふと)いロープ。

(5) □□(きしゃ)に乗る。

(6) □(いけ)を□(まわ)る。

(7) □(はる)の□(かぜ)。

(8) □(おな)じ本を□(よ)む。

(9) 町の□□(ひろば)。

(10) □(した)しく□(はな)す。

(11) 雲一つない□□(せいてん)。

(12) ごはんを□(た)べる。

(13) □(たの)しい□□(かいわ)。

(14) お□(てら)の□(もん)。

(15) □□(しんゆう)と□(うた)う。

(16) 名前を□(し)る。

答えは66ページ

きほん 6

教科書 上 46～61ページ

うめぼしのはたらき
めだか
読書の広場① 本をさがそう

月　日

10分 ／100点

1 ――の漢字の読みがなを書きましょう。 一つ5〔85点〕

(1) うめの実。（　）
(2) 消化する。（　）
(3) 池の水面。（　）
(4) めだかが泳ぐ。（　）
(5) 身を乗りだす。（　）
(6) 弟を守る。（　）
(7) 第一しあい（　）
(8) 次々とかわる。（　）
(9) 魚が死ぬ。（　）
(10) 水温四十度（　）
(11) おし流す。（　）
(12) 雲の研究。（　）
(13) 十秒数える。（　）
(14) 昭和生まれ（　）
(15) 図書館の本。（　）
(16) 明かりを消す。（　）
(17) 水泳を習う。（　）

2 （　）にあてはまる言葉をア～ウからえらんで、記号で答えましょう。 一つ5〔15点〕

(1) この花は、夏になる（　）、さくだろう。
(2) 雨がやんだ（　）、外であそべる。
(3) 右足をくじいた（　）、少しなら歩ける。

ア ので　イ が　ウ と

かくにん 6

教科書㊤46〜61ページ

月　日

10分　／100点

うめぼしのはたらき
めだか
読書の広場① 本をさがそう

1 □にあてはまる漢字を書きましょう。　ひとつ8〔88点〕

(1) 木の□（み）をひろう。

(3) □□（すいめん）を□（およ）ぐ。

(5) あんぜん□□（だいいち）。

(7) 水を□（なが）す。

(9) 十□（びょう）間、目をとじる。

(2) □□（しょうか）がよい。

(4) □（み）を□（まも）る。

(6) 四十□（ど）のねつ。

(8) ちょうの□□（けんきゅう）。

2 本にかんけいする次の言葉の説明（せつめい）をア〜ウからえらんで、記号で答えましょう。　ひとつ4〔12点〕

(1) 目次（　　）　(2) さくいん（　　）

(3) おくづけ（　　）

ア　その本を書いた人、発行日などが記されている。

イ　本の後ろにあることが多く、言葉などが何ページにあるかをしめす。ふつうは五十音順（じゅん）になっている。

ウ　本のはじめのほうにあり、どんなことが何ページにのっているかがわかる。

答えは66ページ

きほん 7

教科書㊤62〜67ページ

クラスの「生き物ブック」

月　日

10分　／100点

1 ——の漢字の読みがなを書きましょう。　一つ9〔72点〕

(1) 文章を書く。（　　）

(2) 全体を見る。（　　）

(3) 作文の題名。（　　）

(4) 木の皮。（　　）

(5) 相手をする。（　　）

(6) 全て本当だ。（　　）

(7) 皮ふの表面。（　　）

(8) 手相うらない（　　）

2 （　）にあてはまる言葉をア〜エからえらんで、記号で答えましょう。　一つ7〔28点〕

(1) 生き物について調べ、（　）、メモを書きました。

(2) 表にまとめるときは、絵もかきます。（　）、よりわかりやすいからです。

(3) カイコはさなぎになります。（　）、ほかの虫はどうでしょう。

(4) チョウは花のみつをすいます。（　）、細長い口をしているのです。

ア　そして　　イ　では

ウ　そのため　　エ　なぜかというと

答えは66ページ

かくにん 7

教科書㊤62～67ページ

クラスの「生き物ブック」

月　日

10分　／100点

1 □にあてはまる漢字を書きましょう。　一つ8〔40点〕

(1) □□（ぶんしょう）を考える。

(2) クラス□□（ぜんたい）

(3) 本の□□（だいめい）。

(4) みかんの□（かわ）をむく。

(5) □□（あいて）につたわる。

2 次の□の空いているところに漢字を書いて、たてやよこに読むと言葉になるようにしましょう。　一つ8〔24点〕

(1) 朝□　□事

(2) 三□　直□　□形

(3) 出□　□表

3 よこ書きのぶんについて、（　）にあてはまる言葉をア～エからえらんで、記号で答えましょう。　一つ9〔36点〕

(1) （　）から（　）に書く。

(2) 数字は、（　）ではなく、（　）と書くが、「一つ」や「一度」などの言葉は漢字で書く。

ア　１、２、３　イ　右　ウ　左　エ　一、二、三

答えは66ページ

きほん 8

教科書 上 68～69ページ　月　日

漢字の広場② 漢字の音と訓

10分　／100点

1 ――の漢字の読みがなを書きましょう。　一つ6〔66点〕

(1) 校庭で遊ぶ。（　　）
(2) 庭の草花。（　　）
(3) 人命きゅう助（　　）
(4) 命を守る。（　　）
(5) 炭やき小屋（　　）
(6) 木炭を買う。（　　）
(7) 人気の品。（　　）
(8) 食品売り場（　　）
(9) 平らな土地。（　　）
(10) 大きな皿。（　　）
(11) 投手を代える。（　　）

2 ――の漢字の、三通りの読みがなを書きましょう。　一つ6〔18点〕

(1) 平たいはこ。（　　）
(2) 平等に分ける。（　　）
(3) 平和をのぞむ。（　　）

3 次の言葉の音の読みがなに○を、訓の読みがなに△を書きましょう。　両方できて一つ4〔16点〕

(1) 人気　①（　）ひとけ　②（　）にんき
(2) 市場　①（　）しじょう　②（　）いちば
(3) 草原　①（　）くさはら　②（　）そうげん
(4) 春夏秋冬　①（　）しゅんかしゅうとう　②（　）はるなつあきふゆ

答えは66ページ

かくにん 8

教科書㊤68～69ページ

漢字の広場② 漢字の音（おん）と訓（くん）

月　日

／100点　10分

1 □にあてはまる漢字を書きましょう。　一つ5〔30点〕

(1) □□（こうてい）に出る。

(2) □□（じんめい）をすくう。

(3) □（すみ）やき体験（けん）

(4) □（さら）をあらう。

(5) 男女□□（びょうどう）

(6) 委員（いいん）長を□（か）える。

2 □にあてはまる、同じ読みがなの漢字を書きましょう。　一つ7〔70点〕

(1) ゴウ
① 記□
② □計

(2) かわ
① □の流れ。
② ばけの□

(3) カ
① 理□
② □石

(4) かえ
① 家に□る。
② 本を□す。

(5) カイジョウ
① □□時間になる。
② □□を船が行く。

答えは66ページ

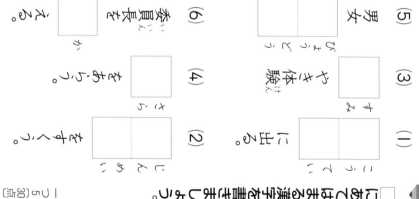

きほん 9

教科書㊤70ページ

漢字の広場②
二年生で学んだ漢字②

月　日

10分

／100点

1 ――の漢字の読みがなを書きましょう。　一つ4〔100点〕

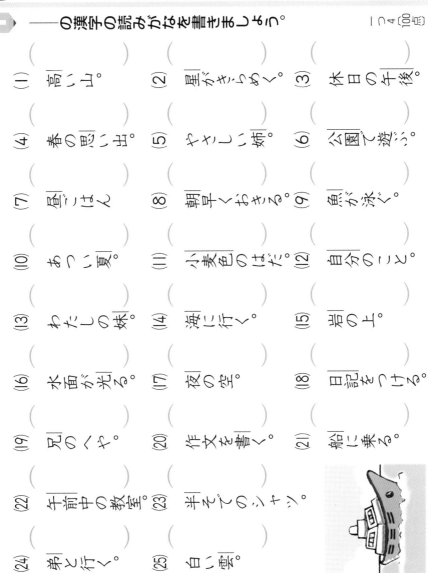

(1) 高い山。
(2) 星がきらめく。
(3) 休日の午後。
(4) 春の思い出。
(5) やさしい姉。
(6) 公園で遊ぶ。
(7) 昼ごはん
(8) 朝早くおきる。
(9) 魚が泳ぐ。
(10) あつい夏。
(11) 小麦色のはだ。
(12) 自分のこと。
(13) わたしの妹。
(14) 海に行く。
(15) 岩の上。
(16) 水面が光る。
(17) 夜の空。
(18) 日記をつける。
(19) 兄のへや。
(20) 作文を書く。
(21) 船に乗る。
(22) 午前中の教室。
(23) 半そでのシャツ。
(24) 弟と行く。
(25) 白い雲。

答えは67ページ

かくにん 9

教科書㊤70ページ

漢字の広場②
二年生で学んだ漢字②

月　日

10分　／100点

1 □にあてはまる漢字をかきましょう。　一つ4〔100点〕

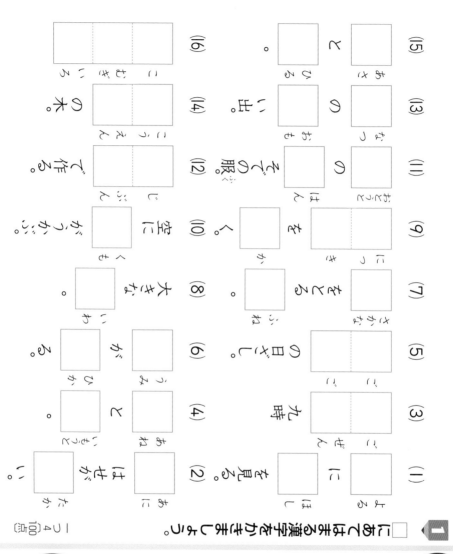

(1) □(よる)に□(ほし)を見る。

(2) □(あに)はせが□(たか)い。

(3) □□(ごぜん)九時

(4) □(あね)と□(いもうと)。

(5) □□(ごご)の日ざし。

(6) □(うみ)が□(ひか)る。

(7) □(さかな)をとる□(ふね)。

(8) 大きな□(いわ)。

(9) □□(にっき)を□(か)く。

(10) 空に□(くも)がうかぶ。

(11) □(おとうと)の□(はん)そでの服(ふく)。

(12) □□(じぶん)で作る。

(13) □(なつ)の□(おも)い出。

(14) □□(こうえん)の木。

(15) □(あさ)と□(ひる)。

(16) □□□(こむぎいろ)

答えは67ページ

きほん 10

教科書㊤72～89ページ　月　日

紙ひこうき、きみへ (1)

10分　／100点

1 ――の漢字の読みがなを書きましょう。　一つ9〔63点〕

(1) えきに着く。（　　）

(2) 店のお客。（　　）

(3) バスを待つ。（　　）

(4) 自分の気持ち。（　　）

(5) 道具を使う。（　　）

(6) 取りだす。（　　）

(7) 旅をする。（　　）

2 次の漢字の正しい筆順(ひつじゅん)のほうに、◯をつけましょう。　〔9点〕

ア（　）　、 亠 方 方 方 方 方 方 方 旅

イ（　）　、 亠 ナ 方 方 方 方 方 方 旅

3 次の――の言葉はどのような様子を表していますか。ア～エからえらんで記号で答えましょう。　一つ7〔28点〕

(1) かれは、ひとなつこいせいかくだ。（　　）

(2) おれいを言われて、くすぐったそうにわらう。（　　）

(3) 先生にほめられて、とくいになる。（　　）

(4) かれは、すずしい顔で理由を話した。（　　）

ア 思い通りになって、ほこらしい様子。

イ おちつきはらって、すましている様子。

ウ うれしいが、てれくさい様子。

エ 打(う)ちとけやすく、親しみやすい様子。

答えは67ページ

かくにん 10

教科書 上 72〜89ページ

紙ひこうき、きみへ (1)

月　日

10分　／100点

1 □にあてはまる漢字を書きましょう。　一つ8〔48点〕

(1) 会場に□（つ）く。

(2) □（きゃく）をもてなす。

(3) □（ま）ちくたびれる。

(4) うれしい□□（きもち）。

(5) 大工□□（どうぐ）

(6) 手に□（と）る。

2 次の漢字の三番目に書くところを、えんぴつでなぞりましょう。　一つ6〔12点〕

(1) 何　(2) 毎

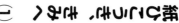

3 次の言葉の反対（はんたい）の意味の言葉になるように、□に漢字を書きましょう。　一つ5〔40点〕

(1) とじる ⟷ □く

(2) 行く ⟷ □る

(3) 前 ⟷ □ろ

(4) 短（みじか）い ⟷ □い

(5) ひくい ⟷ □い

(6) 暗（くら）い ⟷ □るい

(7) 軽（かる）い ⟷ □い

(8) 古い ⟷ □しい

答えは67ページ

きほん 11

紙ひこうき、きみへ (2)

教科書㊤72〜89ページ

月　日

10分　／100点

1 ――の漢字の読みがなを書きましょう。　一つ6〔84点〕

(1) 様子を見る。（　　）
(2) 悲しい顔。（　　）
(3) 今朝の天気。（　　）
(4) 旅行かばん（　　）
(5) サッカー部（　　）
(6) パン屋の主人。（　　）
(7) 見事な着地。（　　）
(8) 服（ふく）を着る。（　　）
(9) 期（き）待が高まる。（　　）
(10) べん当持参（さん）。（　　）
(11) 先取点（　　）
(12) 王様のいす。（　　）
(13) 大きな悲鳴。（　　）
(14) 屋上のドア。（　　）

2 （　）にあてはまる言葉をア〜エからえらんで、記号で答えましょう。　一つ4〔16点〕

(1) 宿題（しゅくだい）をするのを（　）わすれていた。
(2) 計算の仕方（しかた）が（　）わからない。
(3) 公園のハトが（　）とび立つ。
(4) やさいが（　）入ったカレーを食べる。

ア　どっさり　　イ　いっせいに
ウ　さっぱり　　エ　すっかり

答えは67ページ

かくにん 11

紙ひこうき、きみへ (2)

月　日

／100点　10分

1 □にあてはまる漢字を書きましょう。　一つ10〔40点〕

(1) うれしい□□(ようす)。

(2) とても□(かな)しい。

(3) やきゅう□(ぶ)のかんとく。

(4) おいしいラーメン□(や)。

2 〈れい〉にならって、次の二つのぶ分を組み合わせると、どんな漢字ができますか。漢字を書きましょう。　一つ15〔60点〕

〈れい〉 立＋日＝音

(1) 田＋心＝□

(2) 日＋生＝□

(3) 重＋力＝□

(4) 門＋耳＝□

答えは67ページ

きほん 12

教科書 上 90～95ページ

言葉の広場② ローマ字
言葉の広場③ ローマ字とコンピューター

月　日

／100点　10分

1 次のローマ字の読みがなをひらがなで書きましょう。一つ7〔56点〕

(1) ① asa (　　)　② kasa (　　)
(2) ① usi (　　)　② susi (　　)
(3) ① eda (　　)　② medaka (　　)
(4) ① ono (　　)　② monosasi (　　)

2 〈れい〉にならって、次の言葉と関係（かんけい）のある言葉になるように、□にローマ字を一字書きましょう。一つ8〔24点〕

〈れい〉 ie　[y] ane

(1) shokubutu　[　] ane
(2) ginkô　[　] ane
(3) hikôki　[　] ane

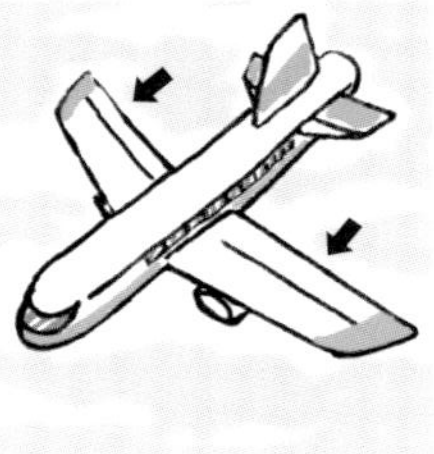

3 次の言葉をローマ字で正しく書いているほうに、○をつけましょう。一つ4〔20点〕

(1) とうふ
　ア (　) tôhu
　イ (　) touhu

(2) ちょ金
　ア (　) tyokin
　イ (　) tiyokinn

(3) 音（おん）読み
　ア (　) on'yomi
　イ (　) onnyomi

(4) びっくり
　ア (　) bikuri
　イ (　) bikkuri

(5) 金曜日
　ア (　) kin'yobi
　イ (　) kin'yôbi

答えは67ページ

かくにん12

教科書上90～95ページ

言葉の広場② ローマ字
言葉の広場③ ローマ字とコンピューター

月　日

10分　／100点

1 次の言葉をローマ字で書きましょう。　一つ7〔35点〕

(1) さくら
(2) だるま
(3) ざりがに
(4) 金魚
(5) 青森県（けん）

2 次の言葉を、のばす音（おん）やはねる音・つまる音の書き方に注意（ちゅう）して、ローマ字で書きましょう。　一つ7〔35点〕

(1) がっき
(2) やきゅう
(3) たんぽぽ
(4) 学校
(5) パン屋

3 次の言葉を、ローマ字の二通りの書き方で書きましょう。　一つ5〔30点〕

(1) いし
(2) 三日月
(3) あじさい

答えは67ページ

教科書 上 98～109ページ

「りす公園」はどこにある？ 取材(ざい)したことをほうこく文に 自分の気持ちを手紙に

月　日

10分　／100点

1 ――の漢字の読みがなを書きましょう。　一つ5〔80点〕

(1) 公園で遊ぶ。（　　）
(2) 駅に向(む)かう。（　　）
(3) 右に曲がる。（　　）
(4) 八百屋さん（　　）
(5) 仕事をする。（　　）
(6) 写真をとる。（　　）
(7) お礼を言う。（　　）
(8) 安売りの品。（　　）
(9) 商品をえらぶ。（　　）
(10) 客と店員。（　　）
(11) 区別(べつ)する。（　　）
(12) 申しこむ。（　　）
(13) 手紙を送る。（　　）
(14) 集合場所（　　）
(15) 一丁目（　　）
(16) 住所と名前。（　　）

2 〈れい〉にならって、――の言葉をていねいな言葉づかいに直しましょう。　一つ10〔20点〕

〈れい〉 工場へ見学に行く。（行きます）

(1) いろいろな人がいるそうだ。（　　）
(2) 魚を切るところを見た。（　　）

答えは68ページ

かくにん 13

「りす公園」はどこにある？ 取材（ざい）したことをほうこく文に 自分の気持ちを手紙に

教科書㊤98～109ページ

月　日

10分　／100点

1 □にあてはまる漢字を書きましょう。　一つ10〔80点〕

(1) 友だちと □（あそ）ぶ。

(2) 次の □（えき）でおりる。

(3) 線が □（ま）がる。

(4) 父の □□（しごと）。

(5) お □（れい）の言葉。

(6) □□（しょうひん）がならぶ。

(7) にもつを □（おく）る。

(8) □□（じゅうしょ）を書く。

2 おれいの手紙の書き方について、（　）にあてはまる言葉を、□からえらんで書きましょう。　一つ5〔20点〕

(1) はじめのあいさつとして、（　　　）の言葉と自分のしょうかいを書く。

(2) 本文につたえたいことを書き、むすびのあいさつに（　　　）の言葉を書く。

(3) 後づけに（　　　）、自分の名前、（　　　）の名前を順（じゅん）に書く。

日付（づけ）　きせつ　相手　かんしゃ

答えは68ページ

きほん 14

漢字の広場③　送りがな

教科書㊤110～111ページ

月　日

10分

／100点

1 ――の漢字の読みがなを書きましょう。　一つ7〔56点〕

(1) ボールを打つ。（　）

(2) 水を飲む。（　）

(3) 姉に負ける。（　）

(4) 外は暑い。（　）

(5) 道が暗い。（　）

(6) 明日は休みだ。（　）

(7) 洋服を着る。（　）

(8) 薬を買う。（　）

2 ――の漢字の読みがなを書きましょう。　一つ4〔20点〕

(1)
①育つ（　）
②育てる（　）
③育む（　）

(2)
①苦しい（　）
②苦い（　）

3 （　）に送りがなを書きましょう。同じかなは一度しかつかえません。　一つ2〔24点〕

(1) 走る
①走（　）ない
②走（　）ます
③走（　）とき
④走（　）ば
⑤走（　）う
⑥走（　）た

(2) 休む
①休（　）ない
②休（　）ます
③休（　）とき
④休（　）ば
⑤休（　）う
⑥休（　）だ

答えは68ページ

かくにん 14

漢字の広場③　送りがな

教科書㊤110〜111ページ

月　日

10分　／100点

1 □にあてはまる漢字を書きましょう。　一つ7〔70点〕

(1) たいこを□（う）つ。
(2) ジュースを□（の）む。
(3) しあいに□（ま）ける。
(4) 夏は□（あつ）い。
(5) 外はもう□（くら）い。
(6) □□（ようふく）を買う。
(7) ひなが□（そだ）つ。
(8) いきが□（くる）しい。
(9) □（にが）いスープ。
(10) かぜの□（くすり）。

2 ——の言葉を、同じ漢字と送りがなで書きましょう。　一つ5〔30点〕

(1)
① 赤ちゃんが<u>うまれる</u>。（　　）
② グラウンドに草が<u>はえる</u>。（　　）
③ 百才まで<u>いきる</u>。（　　）

(2)
① 妹は<u>あかるい</u>子だ。（　　）
② へやの<u>あかり</u>をつける。（　　）
③ <u>あきらか</u>にまちがっている。（　　）

答えは68ページ

きほん 15

教科書 ㊤ 112ページ

漢字の広場③ 二年生で学んだ漢字③

月　日

10分　／100点

1 ――の漢字の読みがなを書きましょう。 一つ4〔100点〕

(1) 足が止まる。（　）
(2) 馬がかける。（　）
(3) 外国へ行く。（　）
(4) 丸い形。（　）
(5) 強い人。（　）
(6) 読書の秋。（　）
(7) 羽ばたく。（　）
(8) 公園で走る。（　）
(9) 何回も行う。（　）
(10) 円の中心。（　）
(11) かれは天才だ。（　）
(12) 深（ふか）い谷。（　）
(13) 家に帰る。（　）
(14) 京都（と）の旅。（　）
(15) 元気な子。（　）
(16) 鳥がとぶ。（　）
(17) まとに当たる。（　）
(18) 弓矢をいる。（　）
(19) 山里の家。（　）
(20) まきばの牛。（　）
(21) ドアを引く。（　）
(22) 力が弱い。（　）
(23) 本当の話。（　）
(24) 行をかえる。（　）
(25) 元にもどる。（　）

答えは68ページ

かくにん 15

漢字の広場③
二年生で学んだ漢字③

教科書㊤112ページ

月　日

10分　／100点

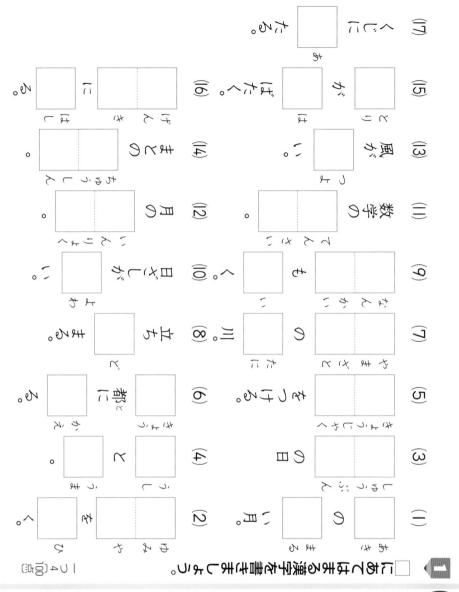

1 □にあてはまる漢字を書きましょう。　一つ4〔100点〕

(1) □(あき)の□(まる)い月。

(2) □□(ゆみや)を□(ひ)く。

(3) □□(しゅうぶん)の日

(4) □(うし)と□(うま)。

(5) □□(きょうじゃく)をつける。

(6) □(きょう)都(と)に□(かえ)る。

(7) □□(やまざと)の□(たに)川。

(8) 立ち□(ど)まる。

(9) □□(なんかい)も□(い)く。

(10) 日ざしが□(よわ)い。

(11) 数学の□□(てんさい)。

(12) 月の□□(いんりょく)。

(13) 風が□(つよ)い。

(14) まとの□□(ちゅうしん)。

(15) □(とり)が□(は)ばたく。

(16) □□(げんき)に□(はし)る。

(17) くじに□(あ)たる。

答えは68ページ

きほん 16

わすれられないおくりもの

教科書㊤114～129ページ

月　日

10分　／100点

1 ——の漢字の読みがなを書きましょう。　一つ5〔60点〕

(1) 人を助ける。（　）
(2) 向こうに行く。（　）
(3) 幸せな気持ち。（　）
(4) 地下の部屋。（　）
(5) 話を終える。（　）
(6) 家に向かう。（　）
(7) 速く走る。（　）
(8) 悲しまない者。（　）
(9) 寒いきせつ。（　）
(10) 物語の終わり。（　）
(11) 方向を表す。（　）
(12) 校庭の中央。（　）

2 ——と反対(はんたい)の意味の漢字を（　）に書きましょう。　一つ5〔10点〕

(1) 上と（　）。
(2) 右と（　）。

3 次の——の言い方は、①「だれが」、②「だれのために」したことかを書きましょう。　両方できて一つ10〔30点〕

(1) 先生が弟に勉(べん)強を教えてくれる。
(2) ぼくは兄に勉強を教えてもらう。
(3) ぼくは妹に勉強を教えてあげる。

(1) ①（　）が　②（　）のために
(2) ①（　）が　②（　）のために
(3) ①（　）が　②（　）のために

答えは68ページ

かくにん 16

わすれられないおくりもの

教科書(上)114〜129ページ

月　日

10分　／100点

1 □にあてはまる漢字を書きましょう。　一つ9〔72点〕

(1) 友達(ともだち)を□(たす)ける。

(2) 海の□(む)こう。

(3) □(しあわ)せにすごす。

(4) 仕事を□(お)える。

(5) スピードが□(はや)い。

(6) 村のわか□(もの)。

(7) □(さむ)い冬の朝。

(8) 町の□□(ちゅうおう)広場。

2 ——の言葉の意味をア〜エからえらんで、記号で答えましょう。　一つ7〔28点〕

(1) 小さなことにくよくよする。（　）

(2) みんながとほうにくれる。（　）

(3) やりきれないほど悲(かな)しい。（　）

(4) 明日の天気が気がかりだ。（　）

ア　しかたのないことをいつまでも気にする。

イ　がまんができない。

ウ　どうしたらよいのかわからない。

エ　しんぱいで気になる。

答えは69ページ

きほん 17

教科書 上 130〜137ページ

言葉の文化① 俳句に親しむ
言葉の文化② きせつの言葉を集めよう

月　日

10分　／100点

1 ——の漢字の読みがなを書きましょう。　一つ7〔63点〕

(1) 太陽がしずむ。（　　）
(2) つめたい夏氷。（　　）
(3) 有名なお寺。（　　）
(4) 動植物の絵。（　　）
(5) 新緑のきせつ。（　　）
(6) ひな祭り（　　）
(7) ゆず湯に入る。（　　）
(8) 豆まきをする。（　　）
(9) 出ぞめ式（　　）

2 俳句（はいく）について、（　）にあてはまる言葉をア〜エからえらんで、記号で答えましょう。　一つ4〔16点〕

(1) （　　）の（　　）音で作られている。
(2) （　　）という（　　）を表す言葉が入っている。

ア 十七　イ きせつ　ウ 季語（きご）　エ 五・七・五

3 次の季語が表すきせつをア〜オからえらんで、記号で答えましょう。　一つ3〔21点〕

(1) 雪（　　）
(2) （くだもの）かき（　　）
(3) 菜（な）の花（　　）
(4) てんとう虫（　　）
(5) 雪どけ（　　）
(6) せき（　　）
(7) すごろく（　　）

ア 春　イ 夏　ウ 秋　エ 冬　オ 新年

答えは69ページ

かくにん 17

言葉の文化① 俳句(はいく)に親しむ
言葉の文化② きせつの言葉を集めよう

教科書 上 130〜137ページ

月　日

10分　／100点

1 □にあてはまる漢字を書きましょう。 一つ10〔60点〕

(1) □□(たいよう)の光。
(2) □□(なつごおり)を食べる。
(3) □□(ゆうめい)な歌。
(4) ひな□(まつ)りを楽しむ。
(5) ゆず□(ゆ)につかる。
(6) 出ぞめ□(しき)を行う。

2 次の季語(きご)が表すきせつを漢字一字で書きましょう。 一つ5〔20点〕

(1) 名月（　　）
(2) つくし（　　）
(3) せみ（　　）
(4) 手ぶくろ（　　）

3 （　）にあてはまる言葉を□からえらんで、書きましょう。 一つ10〔20点〕

(1) 信号(しんごう)が青になり、車は（　　）走り出した。
(2) 寒くなって、虫たちは（　　）動かない。

じっと　いっせいに

答えは69ページ

きほん 18

教科書 下 8～21ページ

世界の人につたわるように くらしと絵文字

月　日

10分　／100点

1 ――の漢字の読みがなを書きましょう。　一つ5〔60点〕

(1) 世界の人。（　　）
(2) 注意する。（　　）
(3) 前に進む。（　　）
(4) 指印（じるし）をほる。（　　）
(5) 生活に役立つ。（　　）
(6) 空港に着く。（　　）
(7) 箱に入れる。（　　）
(8) 深め合う。（　　）
(9) 近くの病院。（　　）
(10) 京都旅行（　　）
(11) 深くもぐる。（　　）
(12) 南を指す。（　　）

2 ――の言葉の意味をア～オからえらんで、記号で答えましょう。　一つ8〔40点〕

(1) どうくつをたんけんする。（　　）
(2) この服はよごれにくい点が特（とく）長だ。（　　）
(3) 温かい心づかいにかんしゃする。（　　）
(4) みんなで協（きょう）力して作る。（　　）
(5) 外国と交流をする。（　　）

ア　あれこれ気をくばること。
イ　たがいに行ったり来たりすること。
ウ　知らない場所へふみこみ、調べること。
エ　とくにすぐれた点。
オ　力を合わせること。

答えは69ページ

かくにん 18

世界の人につたわるように くらしと絵文字

教科書㊦8～21ページ

月　日

10分　／100点

1 □にあてはまる漢字を書きましょう。　一つ7〔63点〕

(1) □□（せかい）一周（しゅう）

(2) 車に□□（ちゅうい）。

(3) □（ゆび）印（じるし）の方に□（すす）む。

(4) □□（くうこう）に向かう。

(5) □（はこ）を開ける。

(6) 考えを□（ふか）める。

(7) 動物□□（びょういん）

(8) □□（きょうと）のお寺。

2 □の言葉を、文に合うように書きかえましょう。　一つ8〔16点〕

(1) 絵文字が人々に［つかう］。→（　　　）

(2) 姉が洋服をハンガーに［つるされる］。→（　　　）

3 （　）にあてはまる言葉をア～ウからえらんで、記号で答えましょう。　一つ7〔21点〕

(1) いちごを食べた。（　）、メロンも食べた。

(2) 人が集まる場所、（　）公園にベンチがある。

(3) 雨がふりそうだ。（　）、遊びに出かけた。

ア　たとえば　　イ　さらに　　ウ　しかし

答えは69ページ

きほん 19

教科書 ㊦ 22～31ページ

わたしたちの絵文字
言葉の広場④
気持ちをつたえる話し方・聞き方

月　日

10分　／100点

1 ――の漢字の読みがなを書きましょう。　一つ7〔56点〕

(1) 反対の意見。（　　）
(2) 整理する。（　　）
(3) 発言を受ける。（　　）
(4) 学級活動（　　）
(5) 横を向く。（　　）
(6) 後ろに反る。（　　）
(7) したくが整う。（　　）
(8) 受賞（しょう）する。（　　）

2 次の漢字の正しい筆順（ひつじゅん）のほうに、◯をつけましょう。　〔9点〕

ア（　）一 厂 反 反
イ（　）ノ 厂 反 反

3 話し合いをするときの役わりについて、次にあてはまるものをア～ウからえらんで、記号で答えましょう。　一つ7〔35点〕

(1) 何を話し合うのか、たしかめる。（　　）
(2) ていあんやしつもんをする。（　　）
(3) 意見を整理して、話し合いをまとめる。（　　）
(4) 意見について、さんせいか反対かを言う。（　　）
(5) 話し合いのないようをノートなどに書く。（　　）

ア 司（し）会　イ 記録（ろく）　ウ 発言者

答えは69ページ

かくにん 19

わたしたちの絵文字
言葉の広場④ 気持ちをつたえる話し方・聞き方

教科書㊦22～31ページ

月　日

10分　／100点

1 □にあてはまる漢字を書きましょう。　一つ8〔40点〕

(1) □□(はんたい)する。

(2) 本だなの□□(せいり)。

(3) 注文を□(う)ける。

(4) □□□□(がっきゅうかつどう)

(5) つかれて□(よこ)になる。

2 ――の言葉を、漢字と送りがなで書きましょう。　一つ10〔30点〕

(1) 絵であらわす。（　　）

(2) 話し合いがすすむ。（　　）

(3) 絵文字をかんがえる。（　　）

3 次は話し合い中の発言です。（　）にあてはまる言葉をア～ウからえらんで、記号で答えましょう。　一つ10〔30点〕

(1) （　）、次に、何人ずつに分かれるのがいいか話し合いましょう。

(2) 田中(たなか)さんの考えにさんせいです。（　）、公平だと思うからです。

(3) 校庭には落(お)ち葉がたくさんあります。（　）、そうじには時間がかかります。

ア　そのため　　イ　なぜなら　　ウ　では

答えは69ページ

きほん 20

教科書 下 32〜33ページ

漢字の広場④ へんとつくり

月　日

10分　／100点

1 ――の漢字の読みがなを書きましょう。 一つ5〔60点〕

(1) 有名な童話。（　）
(2) 対談の相手。（　）
(3) 太い柱。（　）
(4) 電柱がある。（　）
(5) 店を休業する。（　）
(6) 二倍になる。（　）
(7) 投球する。（　）
(8) 輪（わ）投げで遊ぶ。（　）
(9) 宿題が多い。（　）
(10) 勉強する。（　）
(11) ラジオ放送（　）
(12) 物を手放す。（　）

2 次の漢字に共通（きょう）するへんやつくりの名前を（　）に書き、意味をア〜エからえらんで、記号で答えましょう。 両方（りょう）できて一つ10〔40点〕

	名前	記号
(1) 話　語　読	（　）	（　）
(2) 投　持　指	（　）	（　）
(3) 海　池　温	（　）	（　）
(4) 顔　頭	（　）	（　）

ア　手に関係（かんけい）がある漢字。　イ　水に関係がある漢字。
ウ　言葉に関係がある漢字。
エ　人の頭部に関係がある漢字。

答えは69ページ

かくにん 20

漢字の広場④ へんとつくり

教科書㊦32～33ページ

月　日

10分

／100点

1 □にあてはまる漢字を書きましょう。 一つ8〔64点〕

(1) □□（どうわ）の主人公。
(2) □□（たいだん）コーナー
(3) 家の□（はしら）。
(4) 冬期□□（きゅうぎょう）
(5) 二□（ばい）の大きさ。
(6) ピッチャーの□□（とうきゅう）。
(7) □□（しゅくだい）をすます。
(8) 国語の□□（べんきょう）。

2 次の漢字の□に共通するへんやつくりをア～エからえらんで記号で答え、（　）に名前を書きましょう。 両方できて一つ9〔36点〕

				記号	名前
(1)	重□	且□		（　）	（　）
(2)	木□	本□	乍□	（　）	（　）
(3)	交□	寸□	木□	（　）	（　）
(4)	□田	□泉	□及	（　）	（　）

ア 力　イ 木　ウ 亻　エ 糸

答えは69ページ

きほん 21

漢字の広場④　二年生で学んだ漢字④

月　日

10分　／100点

1 ――の漢字の読みがなを書きましょう。　一つ4〔100点〕

(1) 茶色のペン。
(2) 答えを見る。
(3) 三年の教室。
(4) 声を合わせる。
(5) 時間わり
(6) 長方形の庭。
(7) 紙を切る。
(8) 体育の服そう。
(9) 白黒の画面。
(10) わけを考える。
(11) 絵をかく。
(12) 直線を引く。
(13) 理科がとくい。
(14) 点数の計算。
(15) 組み立てる。
(16) 意見を言う。
(17) 算数を教える。
(18) 合計を出す。
(19) 三角形をかく。
(20) 黄色い色紙。
(21) 長いひも。
(22) 国語の教科書。
(23) まちがいを直す。
(24) 白い画用紙。
(25) 図画工作

答えは70ページ

かくにん 21

漢字の広場④
二年生で学んだ漢字④

教科書㊦34ページ

月　日

10分

／100てん

1 □にあてはまる漢字を書きましょう。　一つ4〔100てん〕

(1) □（こた）えを□（い）う。

(2) □□（たいいく）のじゅ業。

(3) □□□（ちょうほうけい）の板（いた）。

(4) □（ちゃ）色い犬の□（え）。

(5) □（なが）い□□（ちょくせん）。

(6) □□（りか）の実験（けん）。

(7) □（くろ）と□（き）色。

(8) □□（こくご）のノート。

(9) □（かたち）を□（あ）わせる。

(10) 箱を□（く）み立てる。

(11) □□□□（ずがこうさく）

(12) 議（ぎ）題を□（かんが）える。

(13) □□（にんぎょう）を□（つく）る。

(14) 食事の□□（じかん）。

(15) 申しこみ□□（ようし）

(16) □□（てんすう）をつける。

(17) □□（さんかく）に□（き）る。

(18) □□（きょうしつ）に入る。

答えは70ページ

きほん 22

モチモチの木
読書の広場③「おすすめ図書カード」を作ろう

教科書 下 36〜59ページ

月　日

10分　／100点

1 ——の漢字の読みがなを書きましょう。 一つ5〔75点〕

(1) 両手を上げる。（　）
(2) 犬を追う。（　）
(3) ふり落とす。（　）
(4) 鼻をかむ。（　）
(5) 早く起きる。（　）
(6) 山の神様。（　）
(7) 歯がいたい。（　）
(8) 医者をよぶ。（　）
(9) 坂道を下る。（　）
(10) 血が出る。（　）
(11) 他人が見る。（　）
(12) 銀行員（　）
(13) 油を引く。（　）
(14) 図書係（　）
(15) 時計を見る。（　）

2 ——の漢字の、二通りの読みがなを書きましょう。 一つ5〔20点〕

(1) ① 落ちる（　）
　② 落下する（　）

(2) ① 起こす（　）
　② 起立する（　）

3 ——の言葉とにた意味の言葉をア〜ウからえらんで、記号で答えましょう。 〔5点〕

・転びそうになり、きもをひやす。（　）

ア　ひやりとする　　イ　こらえる　　ウ　はずかしい

答えは70ページ

かくにん 22

教科書 下 36～59ページ

モチモチの木
読書の広場③ 「おすすめ図書カード」を作ろう

月　日

10分

／100点

1 □にあてはまる漢字を書きましょう。 一つ7〔84点〕

(1) 弟を□(お)いかける。

(2) よごれを□(お)とす。

(3) ゾウの長い□(はな)。

(4) 七時に□(お)きる。

(5) 日本の□□(かみさま)。

(6) □(は)が生える。

(7) □□(いしゃ)になる。

(8) とうげの□□(さかみち)。

(9) □(ち)を止める。

(10) 赤の□□(たにん)。

(11) □□□(ぎんこういん)

(12) □(あぶら)を注ぐ。

2 (　)にあてはまる言葉をア～ウからえらんで、記号で答えましょう。 一つ8〔16点〕

(1) ちょっとした音でびくびくして、(　)だなあ。

(2) 道ばたにごみをすてた人に、ごみをすてないよう注意できるなんて、(　)があるなあ。

ア やさしさ　イ おくびょう　ウ 勇気(ゆうき)

答えは70ページ

きほん 23

教科書㊦60〜63ページ

言葉の広場⑤　こそあど言葉
はっとしたことを詩に

月　日

10分　／100点

1 ——の漢字の読みがなを書きましょう。　一つ9〔54点〕

(1) 農家の人。（　　）
(2) 湖が見える。（　　）
(3) 美しい夕日。（　　）
(4) 詩に書く。（　　）
(5) 湖面が光る。（　　）
(6) 美じゅつ館（　　）

2 （　）にあてはまる、——をたとえた言葉をア〜エからえらんで、記号で答えましょう。　一つ7〔14点〕

(1) さいているひまわりはまるで地上の（　　）のようだ。
(2) まるで（　　）のような白い雲がうかんでいる。

ア　わたがし　　イ　フォーク
ウ　太陽　　エ　ようかん

3 次の「本」がある場所はどこですか。合うものをア〜エからえらんで、記号で答えましょう。　一つ8〔32点〕

(1) この本（　　）　(2) その本（　　）
(3) あの本（　　）　(4) どの本（　　）

ア　話し手からも聞き手からも遠い場所。
イ　聞き手に近い場所。
ウ　はっきりとわからない。
エ　話し手に近い場所。

答えは70ページ

かくにん 23

教科書 下 60～63ページ

月　日

言葉の広場⑤ こそあど言葉
はっとしたことを詩に

10分

／100点

1 □にあてはまる漢字を書きましょう。 一つ10〔40点〕

(1) □□（のうか）の仕事。　(2) □（みずうみ）でボートに乗る。

(3) □（うつく）しい□（し）を作る。

2 （　）にあてはまる「こそあど言葉」をア～エからえらんで、記号で答えましょう。 一つ9〔36点〕

(1) 遠くに見える（　）山に登ろう。

(2) すぐ（　）の角を右に曲がってください。

(3) ぼくが着ている（　）シャツ。

(4) わたしは、（　）をえらぶかきめられない。

ア どれ　イ この　ウ そこ　エ あの

3 □の「こそあど言葉」が指しめす言葉を、（　）に書きましょう。 一つ12〔24点〕

(1) 「東京は雨がふっているよ。」
「そちらは、天気がわるいんだね。」（　　）

(2) 「これはいくらですか。」
「はい、消しゴムは百円です。」（　　）

答えは70ページ

きほん 24

言葉の文化③　ことわざ・慣用句

教科書㊦64〜69ページ

月　日

10分　／100点

1 ――の漢字の読みがなを書きましょう。　一つ7〔56点〕

(1) 短い言葉。（　　）

(2) 昔の話を聞く。（　　）

(3) 筆で書く。（　　）

(4) 善は急げ（　　）

(5) 根がはる。（　　）

(6) 長短がある。（　　）

(7) 筆記用具（　　）

(8) 急行列車に乗る。（　　）

2 次のことわざの（　）にあてはまる言葉をア〜ウからえらんで、記号で答えましょう。　一つ8〔24点〕

(1) （　　）に小判

(2) （　　）の耳にも念仏

(3) （　　）に真珠

ア ねこ　イ ぶた　ウ 馬

3 次の慣用句の意味を下からえらんで、――でむすびましょう。　一つ5〔20点〕

(1) 朝めし前　・　　・ア ほこらしい。

(2) つるのひと声　・　　・イ 待ちこがれる。

(3) 鼻が高い　・　　・ウ とてもかんたんなこと。

(4) 首を長くする　・　　・エ 全てをきめる有力者の一言。

答えは70ページ

かくにん 24

言葉の文化③ ことわざ・慣用句

教科書㊦64～69ページ

月　日

10分　／100点

1 □にあてはまる漢字を書きましょう。　一つ10〔40点〕

(1) □(みじか)い時間。

(2) □(むかし)の生活。

(3) □(ふで)で字を書く。

(4) □(いそ)がば回れ

2 （　）にはそれぞれ同じ言葉が入ります。あてはまる言葉を漢字一字で答えましょう。　一つ10〔20点〕

(1)
- ゆうしゅうな兄には（　）が上がらない。
- やり方がわからず（　）をかかえる。
- むずかしいクイズに（　）をひねる。

□

(2)
- 妹は野球をすると（　）をえた魚(うお)のようだ。
- やろうと思った気持ちに（　）をさす。
- きのうのけんかを（　）に流す。

□

3 （　）にあてはまる慣用句(かんようく)をア～エからえらんで、記号で答えましょう。　一つ10〔40点〕

(1) かれは、いつも弱い者の（　）。

(2) 部長の役を終えて（　）。

(3) 友達(ともだち)とわかれた悲しさで（　）。

(4) 待ちに待った知らせに（　）。

ア かたの荷(に)が下りる　　イ かたをもつ

ウ むねがおどる　　エ むねがいっぱいになる

答えは70ページ

きほん 25

教科書 下 70～81ページ

夕日がせなかをおしてくる
いちばんぼし
ちいきの行事
言葉の広場⑥　文の組み立て

月　日

10分　／100点

1 ――の漢字の読みがなを書きましょう。　一つ7〔63点〕

(1) 題を決める。（　　）
(2) 七夕祭り（　　）
(3) 使い方を聞く。（　　）
(4) 実行委員会（　　）
(5) 発表を始める。（　　）
(6) 今年の春。（　　）
(7) 手帳に書く。（　　）
(8) 列車に乗る。（　　）
(9) ゆうびん局（　　）

2 次の文の主語とじゅつ語の組み合わせを下からえらんで、――でむすびましょう。　一つ4〔16点〕

(1) 弟は　一年生だ。　・　　・ア　が　どうする
(2) 地球は　丸い。　・　　・イ　が　どんなだ
(3) 消しゴムが　ない。　・　　・ウ　が　なんだ
(4) 犬が　ほえる。　・　　・エ　が　ある／ない

3 次の文の主語には――を、じゅつ語には〰〰を、しゅうしょく語には＝＝を、右がわに引きましょう。　全てできて一つ7〔21点〕

(1) 山田（やまだ）さんがいすにすわる。
(2) 母は夕食を作る。
(3) 小鳥がすばやくえだにとまる。

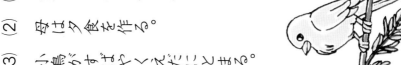

答えは70ページ

かくにん 25

夕日がせなかをおしてくる
いちばんぼし
ちいきの行事
言葉の広場⑥　文の組み立て

教科書 ㊦ 70～81ページ

月　日

10分　／100点

1 □にあてはまる漢字を書きましょう。　一つ10〔40点〕

(1) 調べることを□（き）める。
(2) しりょうを□（つか）う。
(3) □□（てちょう）を開く。
(4) ゆうびん□（きょく）に行く。

2 〈れい〉にならって、□にあてはまる言葉を書きましょう。　全てできて一つ30〔60点〕

〈れい〉わたしは兄と遊んだ。

主語：［わたしは］
しゅうしょく語：［兄と］
じゅつ語：［遊んだ］。

(1) 弟は母にお花をあげた。

①［　］――あげた。
②［　］→あげた。
③［　］→あげた。

(2) わたしは家に友だちをよんだ。

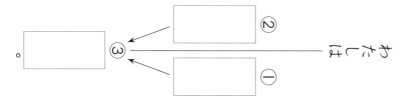

わたしは――③［　］。
①［　］→③
②［　］→③

答えは71ページ

きほん 26

教科書㊦82〜83ページ

漢字の広場⑤　漢字の組み立て

月　日

10分　／100点

1 ――の漢字の読みがなを書きましょう。　一つ6〔60点〕

(1) 笛をふく。（　　）
(2) 宮中の行事。（　　）
(3) 安定する。（　　）
(4) 法（ほう）を定める。（　　）
(5) 車庫に入れる。（　　）
(6) 島国の日本。（　　）
(7) 汽笛が鳴る。（　　）
(8) お宮まいり（　　）
(9) 案（あん）の定（　　）
(10) 半島を旅する。（　　）

2 次の漢字に共通（きょう）する部分を□に書き、その名前をア〜オからえらんで、記号で答えましょう。　両方できて一つ10〔40点〕

(1) 悲・急 → □（　）
(2) 広・度 → □（　）
(3) 家・室 → □（　）
(4) 園・図 → □（　）

ア　まだれ
イ　くにがまえ
ウ　うかんむり
エ　こころ
オ　くさかんむり

答えは71ページ

かくにん 26

教科書㊦82〜83ページ

漢字の広場⑤　漢字の組み立て

月　日

／100点　10分

1 □にあてはまる漢字を書きましょう。　一つ10〔50点〕

(1) □（ふえ）で合図する。

(2) □□（きゅうちゅう）のぎしき。

(3) □□（あんてい）した形。

(4) □□（しゃこ）のある家。

(5) □□（しまぐに）にくらす。

2 次の部分と部分を足してできる漢字を、□に書きましょう。　一つ10〔50点〕

(1) くび ＋ しんにょう → □

(2) おと ＋ こころ → □

(3) くち ＋ くにがまえ → □

(4) くるま ＋ まだれ → □

(5) いし ＋ やま → □

答えは71ページ

きほん 27

教科書 ㊦ 84ページ

漢字の広場⑤
二年生で学んだ漢字⑤

月　日

10分

／100点

1 ――の漢字の読みがなを書きましょう。 一つ4〔100点〕

(1) 雪がつもる。（　　）
(2) 楽しい生活。（　　）（　　）
(3) 肉をやく。（　　）
(4) 円の内がわ。（　　）
(5) 来週の計画。（　　）
(6) 新聞を読む。（　　）
(7) 父の日（　　）
(8) 小刀を使う。（　　）
(9) 毛糸であむ。（　　）
(10) 古時計（　　）
(11) 外国へ行く。（　　）
(12) 今週の学級会。（　　）
(13) 外の気温。（　　）
(14) 寒い冬。（　　）
(15) 台所のそうじ。（　　）
(16) やさしい母。（　　）
(17) 電話が鳴る。（　　）
(18) 月曜日の天気。（　　）
(19) 戸を開ける。（　　）
(20) 米を作る。（　　）
(21) 台風の目。（　　）
(22) 雪原を歩く。（　　）
(23) 町内会（　　）
(24) 父母の部屋。（　　）
(25) 春が来る。（　　）

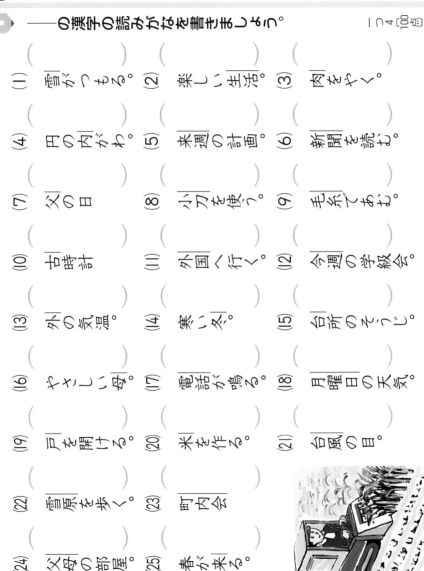

答えは71ページ

かくにん 27

漢字の広場⑤ 二年生で学んだ漢字⑤

教科書㊦84ページ

月　日

10分　／100点

1 □にあてはまる漢字を書きましょう。　一つ5〔100点〕

(1) □(そと)と□(うち)。
(2) □(ちち)と□(はは)。
(3) □□(でんわ)をかける。
(4) 家の□(と)をしめる。
(5) □□(こがたな)でけずる。
(6) □□(しんぶん)の記事。
(7) □(ふゆ)に□(ゆき)がふる。
(8) □□(けいと)の手ぶくろ。
(9) □□(らいしゅう)の予定。
(10) □(にく)と□(こめ)。
(11) □(だい)所に立つ。
(12) □□(こんしゅう)のやくそく。
(13) 次の□□□(にちようび)。
(14) □(ふる)時計の音。
(15) □□(かいがい)の□□(せいかつ)。

答えは71ページ

きほん 28

教科書 下 86〜97ページ

月　日

川をつなぐちえ
言葉の文化④　十二支(し)と月のよび名

10分　／100点

1 ──の漢字の読みがなを書きましょう。　一つ7〔63点〕

(1) 水路でつなぐ。（　　）
(2) 荷物を運ぶ。（　　）
(3) 埼玉(さいたま)県（　　）
(4) 木の板。（　　）
(5) ビルの二階。（　　）
(6) 九州の山。（　　）
(7) 鉄よりかるい。（　　）
(8) 三学期（　　）
(9) 羊の毛。（　　）

2 （　）にあてはまる長さや重さなどにかんする言葉を、[　]からえらんで書きましょう。　一つ4〔16点〕

(1) （　　）荷物を持つ。
(2) （　　）場所はこわい。
(3) （　　）ひもでむすぶ。
(4) （　　）川をわたる。

[高い　あさい　短い　重い]

3 次は料理(りょう)の順番(じゅん)を(1)〜(4)にならべたものです。（　）にあてはまる言葉をア〜ウからえらんで、記号で答えましょう。　一つ7〔21点〕

(1) （　）、ざいりょうをそれぞれはかる。
(2) （　）、ざいりょうをボウルに入れて、よくまぜる。
(3) （　）、しおとこしょうを入れてまぜる。
(4) そして、フライパンで、まぜたざいりょうをやく。

ア 次に　イ まず　ウ さらに

答えは71ページ

かくにん 28

教科書 下 86〜97ページ

川をつなぐちえ
言葉の文化④ 十二支(し)と月のよび名

月　日

10分　／100点

1 □にあてはまる漢字を書きましょう。　一つ9〔72点〕

(1) □□(にもつ)をつむ。

(2) 青森□(けん)

(3) □(いた)をはめる。

(4) 二□(かい)だての家。

(5) □□(きゅうしゅう)の名物。

(6) □(てつ)のフライパン。

(7) □□□(さんがっき)のテスト。

(8) □(ひつじ)のむれ。

2 □に共通(きょう)してあてはまる、道を表す漢字を一字で書きましょう。　〔7点〕

通□—水□—陸(りく)□—海□

□

3 次の言葉が表すじこくや月を、それぞれア〜ウからえらんで、記号で答えましょう。　一つ7〔21点〕

(1) 正午（　）
ア 十時　イ 十二時　ウ 十六時

(2) 弥生(やよい)（　）
ア 二月　イ 三月　ウ 四月

(3) 師走(しわす)（　）
ア 十月　イ 十一月　ウ 十二月

答えは71ページ

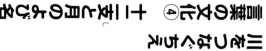

きほん 29

教科書 下 98～105ページ

強く心にのこっていることを
漢字の広場⑥
二つの漢字の組み合わせ

月　日

10分　／100点

1 ――の漢字の読みがなを書きましょう。　一つ6〔54点〕

(1) わたしの家族。（　　）
(2) 心配する。（　　）
(3) 田畑が広がる。（　　）
(4) 畑をたがやす。（　　）
(5) 軽いふとん。（　　）
(6) 荷物の軽重。（　　）
(7) ゲームで勝つ。（　　）
(8) 日本の酒。（　　）
(9) 大会の勝者。（　　）

2 〈れい〉にならって、漢字二字の言葉を作って（　）に書き、その読みがなを〔　〕に書きましょう。　一つ5〔40点〕

〈れい〉 深い海 → （深海）・〔しんかい〕
(1) 小さな石 → （　　）・〔　　〕
(2) 温かい水 → （　　）・〔　　〕
(3) 休みの日 → （　　）・〔　　〕
(4) 強い風 → （　　）・〔　　〕

3 ――の文末（まつ）を、ていねいな形に直しましょう。　一つ3〔6点〕

(1) わたしは図書館で本を読む。（　　）
(2) 友達（ともだち）と公園で遊んだ。（　　）

答えは71ページ

かくにん 29

教科書 下 98～105ページ

強く心にのこっていることを
漢字の広場⑥ 二つの漢字の組み合わせ

月　日

／100点　10分

1 □にあてはまる漢字を書きましょう。　一つ7〔42点〕

(1) □□（かぞく）の会話。　(2) □□（しんぱい）なできごと。

(3) □□（たはた）の作物。　(4) 空気のように□（かる）い。

(5) しあいに□（か）つ。　(6) □（さけ）をつくる。

2 〈れい〉にならって、次の漢字と関係（かん）のある漢字を□から
えらんで組み合わせ、漢字二字の言葉を作りましょう。　一つ5〔30点〕

〈れい〉 岩（石）

(1) 学（　　）　(2) 野（　　）

(3) 開（　　）　(4) 思（　　）

(5) 計（　　）　(6) 寒（　　）

算　考　原　習　始　冷

3 次の漢字と反対の意味の漢字を□に書いて、二字の言葉を
作りましょう。　一つ7〔28点〕

(1) 明□　(2) 遠□

(3) 前□　(4) □負

答えは72ページ

きほん 30

教科書 ㊦ 106ページ

漢字の広場⑥
二年生で学んだ漢字⑥

月　日

10分

／100点

1 ——の漢字の読みがなを書きましょう。　一つ4〔100点〕

(1) 父の会社。（　）
(2) おかしが多い。（　）
(3) となりの店。（　）
(4) 駅前の交番。（　）
(5) 一万円はらう。（　）
(6) 先頭を走る。（　）
(7) 地図を見る。（　）
(8) 公園を通る。（　）
(9) 花を買う。（　）
(10) 魚（うお）市場（　）
(11) ごみが少ない。（　）
(12) 家に帰る。（　）
(13) 犬が鳴く。（　）
(14) 東西南北（　）
(15) 魚を売る。（　）
(16) 野原にさく花。（　）
(17) 声を出す。（　）
(18) 海まで歩く。（　）
(19) 近道をする。（　）
(20) 遠い道のり。（　）
(21) 計算する。（　）
(22) 右がわ通行（　）
(23) 店長にきく。（　）
(24) 時間を計る。（　）
(25) 頭がいたい。（　）

答えは72ページ

かくにん 30

教科書㊦106ページ

漢字の広場⑥
二年生で学んだ漢字⑥

月　日

10分　／100点

1 □にあてはまる漢字を書きましょう。　一つ4〔100点〕

(1) 日本の□□（ちず）。

(2) □（や）さいを□（う）る。

(3) □□（かいしゃ）は□（とお）い。

(4) 駅までの□□（ちかみち）。

(5) □□（のはら）を□（とお）る。

(6) 犬の□（な）き□（ごえ）。

(7) □□□□（とうざいなんぼく）

(8) □（きん）所の□（みせ）。

(9) □□（せんとう）を□（ある）く。

(10) □（いえ）が□（すく）ない。

(11) 弟と□□（つうがく）する。

(12) □□（いちば）で□（か）う。

(13) □□（けいさん）する。

(14) 町の□□（こうばん）。

(15) □（か）具が□（おお）い。

(16) □□□（いちまんえん）の絵。

答えは72ページ

きほん 31

おにたのぼうし

教科書㊦108～123ページ

月　日

10分　／100点

1 ――の漢字の読みがなを書きましょう。　一つ8〔64点〕

(1) まこと君（　）
(2) 福は内。（　）
(3) 去年の春。（　）
(4) ビー玉を拾う。（　）
(5) おにが悪い。（　）
(6) 白い息。（　）
(7) 波音がする。（　）
(8) すぎ去る。（　）

2 次の言葉の意味を下からえらんで、――でむすびましょう。　一つ7〔21点〕

(1) いりたて・　　・ア　しめりけをおびている様子。
(2) うごめく・　　・イ　火であぶったばかりの様子。
(3) うるむ　・　　・ウ　ひくひく動く様子。

3 （　）にあてはまる言葉をア～オからえらんで、記号で答えましょう。　一つ3〔15点〕

(1) 女の子は、（　）わらった。
(2) がっかりした様子で、手を（　）下げた。
(3) 大きな木が一本、（　）おかの上にたっていた。
(4) 台所にあったおやつを（　）食べた。
(5) 男の子は、かばんを（　）持ち上げた。

ア　ぽつんと　　イ　ひょいと　　ウ　だらんと
エ　にこっと　　オ　こっそり

答えは72ページ

かくにん 31

おにたのぼうし

教科書㊦108～123ページ

月　日

10分

／100点

1 □にあてはまる漢字を書きましょう。 一つ10〔60点〕

(1) □（ふく）の神。

(2) □□（きょねん）の思い出。

(3) ごみを□（ひろ）う。

(4) 具合が□（わる）い。

(5) □（いき）をすう。

(6) □□（なみおと）が聞こえる。

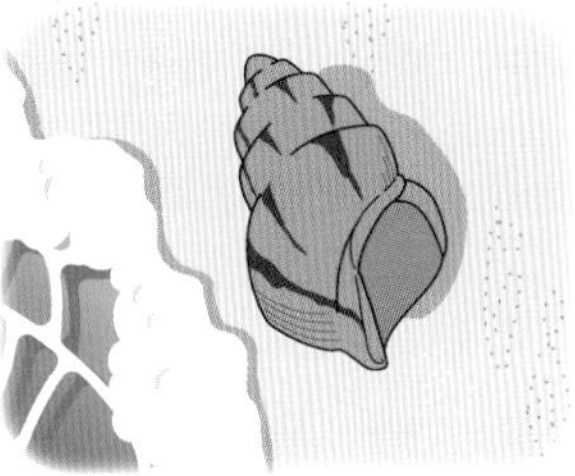

2 ――の言葉が表す気持ちや様子をア～エからえらんで、記号で答えましょう。 一つ10〔40点〕

(1) 相手の言葉に<u>くちびるをかむ</u>。（　）

(2) テストの点数を知って<u>ため息をつく</u>。（　）

(3) 知らない人の前で<u>もじもじする</u>。（　）

(4) 急に名前をよばれて、<u>とび上がる</u>。（　）

ア　はずかしくてためらっている。

イ　とてもおどろいている。

ウ　がっかりしている。

エ　つらいきもちをがまんしている。

答えは72ページ

答え

1　3・4ページ

1 (1)ひら　(2)かえ　(3)へんじ
(4)どうぶつ　(5)の　(6)のぼ
(7)しゅじんこう　(8)うご　(9)あ
(10)きょう　(11)とうじょう
(12)ものがたり　(13)はし
(14)かわぎし

2 ア

3 (1)ウ　(2)ア　(3)イ

★★★

1 (1)開　(2)返　(3)動物　(4)乗
(5)登　(6)主人公　(7)橋　(8)川岸

2 (1)イ　(2)ア　(3)ウ

3 (1)ウ　(2)イ　(3)ア

2　5・6ページ

1 (1)はっけん　(2)よそう　(3)しら
(4)ことば　(5)あらわ　(6)りゆう
(7)たいおん　(8)ちょう
(9)はっぴょう

2 (1)イ　(2)ア

3 (1)エ　(2)イ　(3)ウ　(4)ア

★★★

1 (1)発見　(2)予想　(3)調　(4)言葉
(5)表　(6)理由　(7)体温

2 (じゅんじょなし)きょうかい・ジュース・きゅうり・ちょうちょ・キャンプ

3　7・8ページ

1 (1)かんじ　(2)いみ　(3)あじ
(4)きごう　(5)おも　(6)と

2 (1)イ　(2)イ　(3)ア　(4)ア　(5)イ

3 ウ

★★★

1 (1)漢字　(2)意味　(3)記号　(4)重
(5)問

2 (1)3・2・1　(2)1・3・2
(3)2・3・1　(4)3・2・1

3 (1)ア　(2)イ

4　9・10ページ

1 (1)れんしゅう　(2)かん
(3)うんどう　(4)どうてん
(5)あつ　(6)なら　(7)はこ

2 (1)①れん　②ね
(2)①あつ　②しゅう

3 (1)○　(2)×　(3)○

★★★

1 (1)練習 (2)感 (3)運動
(4)動転 (5)集

2 (1)練る (2)習う (3)運ぶ
(4)転ぶ

3 ウ

5 11・12ページ

1 (1)かぜ (2)あか (3)てら (4)し
(5)せいてん (6)まわ (7)たの
(8)はる (9)た
(10)まいとし（まいねん） (11)くび
(12)ひろば (13)しんゆう (14)ほそ
(15)はな (16)きしゃ (17)うた
(18)かお (19)もん (20)ふと (21)いけ
(22)おな (23)よ (24)ふうりょく
(25)しゅんぶん

★★★

1 (1)明・顔 (2)細・首 (3)毎年
(4)太 (5)汽車 (6)池・回
(7)春・風 (8)同・読 (9)広場
(10)親・話 (11)晴天（青天） (12)食
(13)楽・会話 (14)寺・門
(15)親友・歌 (16)知

6 13・14ページ

1 (1)み (2)しょうか (3)すいめん
(4)およ (5)み (6)まも (7)だいいち
(8)つぎつぎ (9)し (10)ど (11)なが
(12)けんきゅう (13)びょう
(14)しょうわ (15)としょかん
(16)け (17)すいえい

2 (1)ウ (2)ア (3)イ

★★★

1 (1)実 (2)消化 (3)水面・泳
(4)身・守 (5)第一 (6)度
(7)流 (8)研究 (9)秒

2 (1)ウ (2)イ (3)ア

7 15・16ページ

1 (1)ぶんしょう (2)ぜんたい
(3)だいめい (4)かわ (5)あいて
(6)すべ (7)ひ (8)てそう

2 (1)ア (2)エ (3)イ (4)ウ

★★★

1 (1)文章 (2)全体 (3)題名
(4)皮 (5)相手

2 (1)食 (2)角 (3)発

3 (1)ウ・イ (2)エ・ア

8 17・18ページ

1 (1)こうてい (2)にわ
(3)じんめい (4)いのち (5)すみ
(6)もくたん (7)しな
(8)しょくひん (9)たい (10)さら
(11)か

2 (1)ひら (2)びょう (3)へい

3 (1)①△ ②○ (2)①○ ②△
(3)①△ ②○ (4)①○ ②△

★★★

1 (1)校庭 (2)人命 (3)炭 (4)皿

(5)平等 (6)代

2 (1)①号 ②合 (2)①川 ②皮
(3)①科 ②化 (4)①帰 ②返
(5)①開場 ②海上

9 19・20ページ

1 (1)たか (2)ほし (3)ごご
(4)おも (5)あね (6)こうえん
(7)ひる (8)あさ (9)さかな
(10)なつ (11)こむぎいろ (12)じぶん
(13)いもうと (14)うみ (15)いわ
(16)ひか (17)よる (18)にっき
(19)あに (20)か (21)ふね (22)ごぜん
(23)はん (24)おとうと (25)くも

★★★

1 (1)夜・星 (2)兄・高 (3)午前
(4)姉・妹 (5)午後 (6)海・光
(7)魚・船 (8)岩 (9)日記・書
(10)雲 (11)弟・半 (12)自分
(13)夏・思 (14)公園 (15)朝・昼
(16)小麦色

10 21・22ページ

1 (1)つ (2)きゃく (3)ま (4)きも
(5)どうぐ (6)と (7)たび

2 ア

3 (1)エ (2)ウ (3)ア (4)イ

★★★

1 (1)着 (2)客 (3)待 (4)気持
(5)道具 (6)取

2 (1)何 (2)毎

3 (1)開 (2)来（帰） (3)後 (4)長
(5)高 (6)明 (7)重 (8)新

11 23・24ページ

1 (1)ようす (2)かな (3)けさ
(4)りょこう (5)ぶ (6)や
(7)ちゃくち (8)き (9)たい (10)じ
(11)せんしゅてん (12)おうさま
(13)ひめい (14)おくじょう

2 (1)エ (2)ウ (3)イ (4)ア

★★★

1 (1)様子 (2)悲 (3)部 (4)屋

2 (1)思 (2)星 (3)動 (4)聞

12 25・26ページ

1 (1)①あさ ②かさ
(2)①うし ②すし
(3)①えだ ②めだか
(4)①おの ②ものさし

2 (1)t (2)k (3)h

3 (1)ア (2)ア (3)ア (4)イ (5)イ

★★★

1 (1)sakura (2)daruma
(3)zarigani (4)kingyo
(5)Aomori-ken

2 (1)gakki (2)yakyû
(3)tanpopo (4)gakkô
(5)pan'ya

3
（じゅんじょなし）(1) isi・ishi
(2) mikazuki・mikaduki
(3) azisai・ajisai

13 27・28ページ

1
(1)あそ (2)えき (3)ま
(4)やおや (5)しごと (6)しゃしん
(7)れい (8)やすう (9)しょうひん
(10)てんいん (11)く (12)もう
(13)おく (14)ばしょ
(15)いっちょうめ (16)じゅうしょ

2
(1)いるそうです (2)見ました

★★★

1
(1)遊 (2)駅 (3)曲 (4)仕事
(5)礼 (6)商品 (7)送 (8)住所

2
(1)きせつ (2)かんしゃ
(3)日付・相手

14 29・30ページ

1
(1)う (2)の (3)ま (4)あつ
(5)くら (6)あす（みょうにち）
(7)ようふく (8)くすり

2
(1)①そだ ②そだ ③はぐく
(2)①くる ②にが

3
(1)①ら ②り ③る ④れ
⑤ろ ⑥っ
(2)①ま ②み ③む ④め
⑤も ⑥ん

★★★

1
(1)打 (2)飲 (3)負 (4)暑 (5)暗

2
(6)洋服 (7)育 (8)苦 (9)苦 (10)薬

2
(1)①生まれる ②生える
③生きる
(2)①明るい ②明かり ③明らか

15 31・32ページ

1
(1)と (2)うま (3)い (4)まる
(5)つよ (6)あき (7)は (8)はし
(9)なんかい (10)ちゅうしん
(11)てんさい (12)たに (13)かえ
(14)きょう (15)げんき (16)とり
(17)あ (18)ゆみや (19)やまざと
(20)うし (21)ひ (22)よわ
(23)ほんとう (24)ぎょう (25)もと

★★★

1
(1)秋・丸 (2)弓矢・引 (3)秋分
(4)牛・馬 (5)強弱 (6)京・帰
(7)山里・谷 (8)止 (9)何回・行
(10)弱 (11)天才 (12)引力 (13)強
(14)中心 (15)鳥・羽
(16)元気・走 (17)当

16 33・34ページ

1
(1)たす (2)む (3)しあわ
(4)へや (5)お (6)む (7)はや
(8)もの (9)さむ (10)お
(11)ほうこう (12)ちゅうおう

2
(1)下 (2)左

3
(1)①先生 ②弟
(2)①兄 ②ぼく
(3)①ぼく ②妹

★★★

1 (1)助 (2)向 (3)幸 (4)終 (5)速
(6)者 (7)寒 (8)中央

2 (1)ア (2)ウ (3)イ (4)エ

17 35・36ページ

1 (1)たいよう (2)なつごおり
(3)ゆうめい (4)どうしょくぶつ
(5)しんりょく (6)まつ (7)ゆ
(8)まめ (9)しき

2 (1)エ・ア (2)ウ・イ

3 (1)エ (2)ウ (3)ア (4)イ (5)ア
(6)エ (7)オ

★★★

1 (1)太陽 (2)夏氷 (3)有名 (4)祭
(5)湯 (6)式

2 (1)秋 (2)春 (3)夏 (4)冬

3 (1)いっせいに (2)じっと

18 37・38ページ

1 (1)せかい (2)ちゅうい (3)すす
(4)ゆび (5)やくだ (6)くうこう
(7)はこ (8)ふか (9)びょういん
(10)きょうと (11)ふか (12)さ

2 (1)ウ (2)エ (3)ア (4)オ (5)イ

★★★

1 (1)世界 (2)注意 (3)指・進
(4)空港 (5)箱 (6)深 (7)病院
(8)京都

2 (1)つかわれる (2)つるす

3 (1)イ (2)ア (3)ウ

19 39・40ページ

1 (1)はんたい (2)せいり (3)う
(4)がっきゅう (5)よこ (6)そ
(7)ととの (8)じゅ

2 ア

3 (1)ア (2)ウ (3)ア (4)ウ (5)イ

★★★

1 (1)反対 (2)整理 (3)受
(4)学級活動 (5)横

2 (1)表す (2)進む (3)考える

3 (1)ウ (2)イ (3)ア

20 41・42ページ

1 (1)どうわ (2)たいだん
(3)はしら (4)でんちゅう
(5)きゅうぎょう (6)ばい
(7)とうきゅう (8)な
(9)しゅくだい (10)べんきょう
(11)ほうそう (12)てばな

2 (1)ごんべん・ウ (2)てへん・ア
(3)さんずい・イ (4)おおがい・エ

★★★

1 (1)童話 (2)対談 (3)柱 (4)休業
(5)倍 (6)投球 (7)宿題 (8)勉強

2 (1)ア・ちから (2)ウ・にんべん
(3)イ・きへん (4)エ・いとへん

21 43・44ページ

1
(1)ちゃ (2)こた (3)きょうしつ
(4)あ (5)じかん
(6)ちょうほうけい (7)き
(8)たいいく (9)くろ (10)かんが
(11)え (12)ちょくせん (13)りか
(14)てんすう (15)く (16)い (17)おし
(18)ごうけい
(19)さんかくけい（さんかっけい）
(20)き (21)なが (22)こくご
(23)なお (24)がようし
(25)ずがこうさく

★★★

1
(1)答・言 (2)体育 (3)長方形
(4)茶・絵 (5)長・直線 (6)理科
(7)黒・黄 (8)国語 (9)形・合
(10)組 (11)図画工作 (12)考
(13)人形・作 (14)時間 (15)用紙
(16)点数 (17)三角・切 (18)教室

22 45・46ページ

1
(1)りょうて (2)お (3)お
(4)はな (5)お (6)かみさま (7)は
(8)いしゃ (9)さかみち (10)ち
(11)たにん (12)ぎんこういん
(13)あぶら (14)としょがかり
(15)とけい

2
(1)①お ②らっ (2)①お ②き

3
ア

23 47・48ページ

1
(1)追 (2)落 (3)鼻 (4)起
(5)神様 (6)歯 (7)医者 (8)坂道
(9)血 (10)他人 (11)銀行員 (12)油

2
(1)イ (2)ウ

★★★

1
(1)のうか (2)みずうみ
(3)うつく (4)し (5)こめん (6)び

2
(1)ウ (2)ア

3
(1)エ (2)イ (3)ア (4)ウ

★★★

1
(1)農家 (2)湖 (3)美・詩

2
(1)エ (2)ウ (3)イ (4)ア

3
(1)東京 (2)消しゴム

24 49・50ページ

1
(1)みじか (2)むかし (3)ふで
(4)いそ (5)ね (6)ちょうたん
(7)ひっき (8)きゅうこう

2
(1)ア (2)ウ (3)イ

3
(1)ウ (2)エ (3)ア (4)イ

★★★

1
(1)短 (2)昔 (3)筆 (4)急

2
(1)頭 (2)水

3
(1)イ (2)ア (3)エ (4)ウ

25 51・52ページ

1
(1)き (2)たなばた (3)つか
(4)いいんかい (5)はじ (6)ことし

(7)てちょう (8)れっしゃ (9)きょく

2 (1)ウ (2)イ (3)エ (4)ア

3 (1)山田さんがいすにすわる。

(2)母は夕食を作る。

(3)小鳥がすばやくえだにとまる。

★★★

1 (1)決 (2)使 (3)手帳 (4)局

2 (1)(②③じゅんじょなし)

①弟は ②母に ③お花を

(2)(①②じゅんじょなし) ①家に

②友だちを ③よんだ

26 53・54ページ

1 (1)ふえ (2)きゅうちゅう

(3)あんてい (4)さだ (5)しゃこ

(6)しまぐに (7)きてき (8)みや

(9)じょう (10)はんとう

2 (1)心・エ (2)广・ア (3)宀・ウ

(4)口・イ

★★★

1 (1)笛 (2)宮中 (3)安定 (4)車庫

(5)島国

2 (1)道 (2)意 (3)回 (4)庫 (5)岩

27 55・56ページ

1 (1)ゆき (2)せいかつ (3)にく

(4)うち (5)らいしゅう

(6)しんぶん (7)ちち (8)こがたな

(9)けいと (10)ふる (11)がいこく

(12)こんしゅう (13)そと (14)ふゆ

(15)だい (16)はは (17)でんわ

(18)げつようび (19)と (20)こめ

(21)たいふう (22)せつげん

(23)ちょうないかい

(24)ふぼ(ちちはは) (25)く

★★★

1 (1)外・内 (2)父・母 (3)電話

(4)戸 (5)小刀 (6)新聞 (7)冬・雪

(8)毛糸 (9)来週 (10)肉・米

(11)台 (12)今週 (13)日曜日 (14)古

(15)海外・生活

28 57・58ページ

1 (1)すいろ (2)にもつ (3)けん

(4)いた (5)かい

(6)きゅうしゅう (7)てつ

(8)さんがっき (9)ひつじ

2 (1)重い (2)高い (3)短い

(4)あさい

3 (1)イ (2)ア (3)ウ

★★★

1 (1)荷物 (2)県 (3)板 (4)階

(5)九州 (6)鉄 (7)三学期 (8)羊

2 路

3 (1)イ (2)イ (3)ウ

29 59・60ページ

1 (1)かぞく (2)しんぱい

(3)たはた(でんぱた) (4)はたけ

(5)かる

(6)けいちょう（けいじゅう） (7)か (8)さけ (9)しょうしゃ

2 (1)小石・こいし (2)温水・おんすい (3)休日・きゅうじつ (4)強風・きょうふう

3 (1)読みます (2)遊びました

☆☆☆

1 (1)家族 (2)心配 (3)田畑 (4)軽 (5)勝 (6)酒

2 (1)習 (2)原 (3)始 (4)考 (5)算 (6)冷

3 (1)暗 (2)近 (3)後 (4)勝

30 61・62ページ

1 (1)かいしゃ (2)おお (3)みせ (4)こうばん (5)いちまんえん (6)せんとう (7)ちず (8)とお (9)か (10)いちば (11)すく (12)いえ (13)な (14)とうざいなんぼく (15)う (16)のはら (17)こえ (18)ある (19)ちかみち (20)とお (21)けいさん (22)つうこう (23)てんちょう (24)はか (25)あたま

☆☆☆

1 (1)地図 (2)野・売 (3)会社・遠 (4)近道 (5)野原・通 (6)鳴・声 (7)東西南北 (8)近・店 (9)先頭・歩 (10)家・少 (11)通学 (12)市場・買 (13)計算 (14)交番 (15)家・多 (16)一万円

31 63・64ページ

1 (1)くん (2)ふく (3)きょねん (4)ひろ (5)わる (6)いき (7)なみおと (8)さ

2 (1)イ (2)ウ (3)ア

3 (1)エ (2)ウ (3)ア (4)オ (5)イ

☆☆☆

1 (1)福 (2)去年 (3)拾 (4)悪 (5)息 (6)波音

2 (1)エ (2)ウ (3)ア (4)イ

3 2 1 0 9 8 7 6 5 4 ＊＊ D C B A